NOTICE SUR L'HYGIÈNE

DE LA

MÉDECINE NATURELLE

INDO-MALGACHE

PAR

FERDINAND CAUNIÈRE

PARIS

E. DENTU, ÉDITEUR-LIBRAIRE

PALAIS-ROYAL, GALERIE D'ORLÉANS, 13

CHEZ L'AUTEUR

CHATEAU DE L'ÉTOILE, AVENUE DE LA PORTE-MAILLOT. — PASSY-PARIS

Novembre 1863

NOTICE SUR L'HYGIÈNE

DE LA

MÉDECINE NATURELLE

INDO-MALGACHE

PAR

FERDINAND CAUNIÈRE

PARIS

E. DENTU, ÉDITEUR-LIBRAIRE

PALAIS-ROYAL, GALERIE D'ORLÉANS, 13

CHEZ L'AUTEUR

CHATEAU DE L'ÉTOILE, AVENUE DE LA PORTE-MAILLOT. — PASSY-PARIS

—

Novembre 1863

NOTICE SUR L'HYGIÈNE

DE LA

MÉDECINE NATURELLE

INDO-MALGACHE

Depuis un demi–siècle, la médecine a pris des formes doctrinales qui l'ont élevée comme science, mais qui ont circonscrit et peut-être diminué les services qu'elle peut rendre à l'humanité comme art.

L'homme, dès son apparition sur la terre, s'est vu assailli par des maladies diverses. L'expérience, l'observation, lui ont enseigné peu à peu des remèdes qui ont allégé ses souffrances.

La médecine des anciens était plus expérimentale que systématique.

De nos jours, la science qualifie dédaigneusement du nom d'*empirique* les observateurs patients qui

1

ont jeté les fondements de la véritable science médicale, tandis que les médecins les plus célèbres de l'école moderne n'ont eu qu'à établir un corps de doctrines, en classant, d'après des méthodes diverses, les observations de leurs prédécesseurs.

Certes, il n'entre pas dans notre pensée de diminuer la gloire qui se rattache aux noms de ces législateurs médicaux, mais nous oserons dire qu'ils ont tort de nier systématiquement la possibilité d'observations en désaccord avec les principes par eux codifiés.

Avec ce système, on pourrait clouer sur le frontispice de nos écoles ces mots caractéristiques : *Tout ce qui ne s'enseigne pas ici n'existe pas*.

Et cependant, combien la science acquise est-elle encore petite en présence de la science à acquérir !

Comment ! vous avez érigé en doctrine exclusive les observations que vous ont léguées les médecins, ou, pour parler exactement, les *empiriques* vos devanciers et vos maîtres, — et vous n'avez pas vu que ces observations ne s'appliquaient qu'à un petit coin de terre, si vous tenez compte de l'étendue de notre globe.

Vous avez établi une thérapeutique que vous prétendez complète, et vous ne connaissez pas les propriétés des plantes les plus nombreuses qui constituent la flore luxuriante des Indes, du Nouveau-Monde, et surtout de l'île de Madagascar.

Rappelez-vous, messieurs les doctrinaires en médecine, que l'action des meilleurs de vos médicaments, c'est à ceux que vous nommez des sauvages que vous en devez la révélation.

Vous n'ignorez pas cependant que les naturels des côtes africaines ont des spécifiques dont vous ne pouvez deviner la composition, et dont vous cherchez vainement à imiter les effets. Vous savez également que les Indiens se sont transmis à travers les siècles, de génération en génération, le secret de guérir radicalement certaines maladies que, doctoralement, vous déclarez incurables.

Un peu moins d'exclusivisme conviendrait mieux aux représentants d'une science conjecturale; et de même que le paganisme laissait dans sa théogonie une large place aux dieux inconnus, de même la médecine devrait accueillir plus favorablement les observations nouvelles et les faits ignorés que doivent lui apporter son contact, de plus en plus fréquent, avec les habitants de l'autre hémisphère et ceux de l'Afrique et de Madagascar.

C'est dans le sens des lois physiques et physiologiques que nous avons dirigé nos recherches, en étudiant avec persévérance les principes de la médecine des Indiens et des Malgaches.

Plus nous avons approfondi la thérapeutique de ces peuples, plus nous avons été frappé de l'extrême richesse de leurs connaissances en botanique et en chimie végétale, et des immenses ressources qu'ils en tirent.

Leur méthode est vraie, simple et naturelle. Elle s'appuie sur des axiomes d'hygiène; et elle n'est pas enveloppée, comme dans nos écoles, d'abstractions vagues, où l'imagination s'égare et enfante des systèmes sans nombre.

L'expérience et les traditions sont leurs seules règles; jamais ces hommes, à l'esprit droit, ne se laissent aveugler par la séduction de ces théories spéculatives qui nous conduisent si souvent à de funestes conséquences.

Tout ce qui respire fuit la souffrance; les peuples les plus civilisés et ceux qui sont plongés dans la plus complète ignorance regardent également la santé comme le plus grand des biens.

L'homme, pour être heureux, doit jouir de la plénitude de ses facultés.

Afin d'arriver à ce grand résultat, la médecine s'applique non-seulement à guérir les maladies, mais encore à les prévenir, en combattant, par l'*hygiène*, l'invasion des causes destructives.

A côté des règles de l'hygiène physique, il y a celles de l'hygiène morale, qui n'ont pas moins d'importance.

Elles reposent sur l'usage modéré des bienfaits de la nature dans le cercle de nos passions pondérées par la raison.

Volupté, orgueil, ambition, avarice, cupidité, voilà les sources principales de nos maladies; et si la boîte de Pandore pouvait se refermer sur ces démons de la terre, la médecine deviendrait presque une science inutile.

Voyez ce jeune homme : il court après ses capricieux désirs comme un enfant armé d'une gaze poursuit les papillons; il boit à toutes les coupes de la fantaisie et de l'enchantement; la vie lui semble bien belle et la grise atmosphère de la pensée est pour lui un ciel bleu. Mais combien de temps va durer sa folle ivresse?.....

Bientôt, seul, vaincu par la satiété, désabusé par les déceptions, revenu des illusions et de l'éblouissement éphémère du plaisir, il en comprendra la vanité et la nullité profonde.

Mais, s'il renonce à l'amour et à ses enivrements, c'est pour achever de se briser dans les luttes de l'orgueil et de l'ambition, ou dans les inquiétudes de l'avarice et de la cupidité.

Sa santé est détruite, son caractère devient irascible, insupportable; il souffre et fait souffrir les autres.

Son estomac fonctionne mal, le marasme survient; sa situation se complique et son existence est en péril. Combien ne regrette-t-il pas alors la vie sage, réglée, uniforme, à laquelle tous les hommes de bon sens se soumettent.

Je me borne à tracer cette légère esquisse; chacun complétera ce tableau par ses réflexions personnelles, et tout le monde se souviendra de l'avoir contemplé.

Quant à l'hygiène proprement dite, sa partie la plus importante réside dans l'alimentation.

Pour conserver la santé ou pour la rétablir, il faut que notre nutrition soit réparatrice et fortifiante; elle ne peut l'être que si notre digestion s'est accomplie dans de bonnes conditions.

La digestion est donc une des opérations physiques qui ont le plus d'influence sur l'individu, et l'on peut dire, suivant un vieil adage, que l'on ne vit pas de ce que l'on mange, mais de ce que l'on digère.

Cette opération est tout à fait mécanique; nos organes peuvent être considérés comme un appareil dont l'effet est d'extraire des aliments ce qui peut servir à réparer notre corps.

Les aliments, imprégnés de tous les fluides que leur fournissent la bouche et l'œsophage, arrivent dans l'estomac, où ils se mêlent, par le mouvement organique de ce viscère, et sont pénétrés intimement par les sucs gastriques; c'est ainsi que s'opère la *chymification*.

La couche alimentaire supérieure est la première appropriée; elle passe par le pylore et tombe dans les intestins; une autre lui succède et ainsi de suite, jusqu'à ce qu'il n'y ait plus rien dans l'estomac.

L'intestin qui reçoit les aliments au sortir du pylore est le duodenum, dans lequel le *chyme* subit, par le mélange de la bile et du suc pancréatique, une modification nouvelle, et passe à l'état de *chyle*.

Le mouvement d'impulsion qui fait sortir le *chyme* de l'estomac pousse le *chyle* vers l'intestin grêle. Là se complète la digestion, au contact du suc intestinal, et se dégage le *chyle* parfait. Régulièrement absorbé par les vaisseaux chylifères, il va se mêler au sang, dont il répare les pertes constantes, causées par les sécrétions et l'exhalation transpiratoire.

L'extraction du chyle est donc le véritable but de la digestion, et aussitôt qu'il est mêlé à la circulation, l'individu éprouve une augmentation d'énergie vitale qui lui donne le sentiment intime que ses pertes sont réparées.

La digestion des liquides est bien moins compliquée; il nous suffira de dire que la partie alimentaire qu'ils contiennent se sépare et va également se joindre au chyle dont elle subit toutes les transformations.

Au moyen de cet exposé, que nous avons dégagé avec soin des aridités anatomiques, nos lecteurs

pourront désormais bien apprécier l'importance
d'une bonne nutrition, et l'influence que le régime
de la médecine naturelle indo-malgache peut avoir
sur l'organisme en général, et plus particulièrement
sur l'économie d'un malade.

Et en effet, les praticiens de Madagascar attribuent la plupart de nos maladies au désordre de l'estomac, et leurs efforts tendent toujours à reconsti-
tuer cet organe.

C'est avec un profond étonnement que nous avons
reconnu les nombreuses analogies qui existent entre
ce système et ce que l'on rapporte des principes médicaux hygiéniques des prêtres de Delphes.

Dire comment et à quelle époque la relation au-
rait pu s'établir, serait d'une explication difficile et
pleine de ténèbres; mais cependant si l'on réfléchit
aux émigrations diverses, et à ces nombreux voyages
de circumnavigation entrepris tantôt par des Phéni-
ciens à la solde des rois d'Égypte, tantôt par des
Grecs, il est permis de supposer que certaines connaissances scientifiques aient pu être ainsi trans-
mises au delà des mers.

Les auteurs anciens racontent à l'envi les cures

merveilleuses opérées par les prêtres de Delphes (1).

Ces hommes, inspirés par Apollon, étaient considérés comme les conseillers des peuples et des rois.

Il ressort de l'étude sérieuse de leur constitution, que leurs oracles, toujours équivoques, auraient été insuffisants pour soutenir leur universelle influence, et qu'ils utilisaient leur savoir médical pour obtenir ce résultat.

Cette science médicale ne consistait certes pas dans l'art de guérir une maladie aiguë ou de faire une opération chirurgicale; elle reposait sur des principes d'hygiène pour conserver la santé, ou pour la rétablir lorsqu'elle était compromise par les fatigues de la guerre ou celles du festin (2).

Les anciens étaient convaincus que les prêtres de Delphes avaient la faculté de rendre la santé et la beauté, de redonner aux vieillards la force et l'éner-

---

(1) L'origine de la médecine est religieuse. Les temples d'Esculape et d'Apollon ont été les premiers hôpitaux et leurs prêtres les premiers médecins. — Extrait d'un rapport inséré au *Moniteur* universel, des 20 et 23 octobre 1863, sur la découverte faite par M. Wescher, dans l'île de Carpathos, d'une curieuse inscription sur la médecine antique.

(2) Dans les temples d'Esculape, on traitait les maladies aiguës et on faisait les opérations chirurgicales. Dans ceux d'Apollon, on s'occupait plus spécialement des affections chroniques dont le régime et l'hygiène peuvent seuls triompher.

gie, et de ramener la fécondité chez des femmes très-avancées en âge.

Après avoir fait la part de l'exagération, on est forcé d'admettre qu'ils possédaient une haute science ; qu'ils avaient soigneusement recueilli, depuis plusieurs siècles, les fruits d'une longue série d'observations, et qu'en outre ils avaient une incontestable supériorité scientifique sur tous les autres prêtres de l'antiquité.

Les historiens rapportent, et nous citons comme preuve de ce que nous avançons, que les puissants et voluptueux satrapes dédaignaient eux-mêmes leurs mages, et venaient en Grèce implorer les conseils des prêtres de Delphes.

Leurs précieux secrets, d'après ce que nous apprennent les médecins de l'antiquité, reposaient sur des dogmes d'une grande sagesse et sur l'application de leur célèbre régime hygiénique, dans lequel ils faisaient entrer certains principes végétaux qui rendaient les substances alimentaires assimilables, et facilitaient leur animalisation en leur communiquant des propriétés spéciales.

C'est avec ce système de médication dans l'alimentation que ces médecins hygiénistes parvenaient à modifier profondément l'économie, à changer les tempéraments et à refaire les constitutions.

On se demande si quelques-uns de leurs secrets d'hygiène n'ont pas été devinés ou appris par quelques personnages des temps modernes, devenus célèbres par leur longévité vigoureuse.

Ainsi, Ninon de l'Enclos, qui est restée belle jusqu'à l'extrême vieillesse, nous a elle-même expliqué son étonnante conservation par l'usage qu'elle faisait des *consommés* et des bains aromatiques.

Cette science de l'hygiène, comme nous l'avons déjà dit, existe à un haut degré de perfection chez les peuples de l'Inde et surtout chez les habitants de Madagascar.

Non-seulement ils ont sondé les mystères de l'assimilation en suivant la matière inerte jusque dans ses métamorphoses, mais encore ils ont examiné, analysé et classé les substances alimentaires, et ils en font un judicieux emploi, suivant le degré de plénitude ou d'épuisement du malade.

Avec un art admirable, ils ont régularisé l'action de l'estomac, et ils ont créé un véritable système pour produire, par l'alimentation *seule*, les excitations graduellement ménagées dont un corps malade peut avoir besoin.

Le moyen thérapeutique qu'ils affectionnent le plus, peut-être, est un *bouillon* auquel la chair de tortue sert très-souvent de base, et qu'ils aromatisent agréablement avec certains végétaux.

Ce bouillon est considéré par eux comme le complément de toute médication et comme le préservatif souverain du choléra, du typhus et de la fièvre de Madagascar, qui règne en permanence à la *Grande-Terre*, et trop souvent dans les îles qui l'environnent, telles que Mayotte, Nossi-bé et Sainte-Marie, où nous avons des établissements.

Lorsque l'on voit le chiffre des populations de cette contrée augmenter chaque année dans une proportion considérable, malgré les nombreux éléments de destruction qui les menacent, on est forcé de conclure que leur hygiène et leurs moyens curatifs sont excellents.

Nous avons minutieusement étudié la nature de ce *bouillon*, car nous n'avons pas tardé nous-même à le considérer comme un agent thérapeutique d'une grande valeur, cumulant le double bienfait d'une riche alimentation et d'un remède actif.

Il tonifie extraordinairement les organes digestifs et il modifie la composition du sang, dont il augmente la matière colorante et la vertu plastique.

Peu à peu, sous son influence, l'estomac se reconstitue; l'appétit se réveille, la digestion se régularise, les selles deviennent plus rares et plus consistantes; enfin, tout annonce que l'organisme éprouve une heureuse réaction et que le mal est vaincu.

Les malades ont toujours reconnu, après en avoir fait usage, qu'ils ressentaient, presque soudainement, un bien-être général qui excitait leur surprise au plus haut degré.

Rien jusqu'à présent ne semble même faire espérer que les médecines, de quelque genre qu'elles soient, puissent produire un pareil résultat.

Ce ne sont certainement pas ces huiles nauséabondes, qui inspirent aux malades un dégoût si profond que l'estomac se révolte avant qu'elles soient ingérées, ni ces graines irritantes, dont l'action inflammatoire est si funeste à l'estomac.

Ce ne sont pas non plus ces fécules inertes, présentées comme douées d'une grande puissance nutritive, et qui ne contiennent pas cependant un seul atome de gluten ou d'une autre matière azotée.

Ce sont encore moins ces innombrables remèdes, soi-disant spécifiques, qui, sous toutes les formes, alimentent une industrie équivoque, et dont la seule

vertu est d'inspirer aux malades une passagère espé-
rance bien vite évanouie.

N'est-il pas également certain que les eaux miné-
rales, que l'on considère comme les plus merveilleuses, ont souvent pour résultat, malgré leur appa-
rente action bienfaisante, d'augmenter la faiblesse
des organes et l'état d'atonie générale, par leur effet
brusque et violent.

Pour appuyer notre assertion, nous rapporterons
le conseil que le célèbre docteur Desbret donnait à
ses malades, quand il prescrivait, ne pouvant faire
mieux, l'emploi des eaux de Vichy :

« Buvez de préférence, disait-il, l'eau de la
« source du grand Puits-Carré, parce qu'elle est la
« plus douce et la moins incendiaire, et encore ayez
« soin de la couper d'un tiers de lait (1). »

En résumant les opinions des auteurs les plus
éminents, on verra que tous s'accordent sur deux
points, savoir :

1° Que presque toutes les maladies chroniques
sont causées par quelques dérangements dans les

---

(1) *Guide pratique des Malades aux Eaux de Vichy*, page 83, par le
docteur Barthez.

organes digestifs, accidents qui occasionnent toujours une perturbation générale produite par la
mauvaise nutrition qui en résulte.

2° Que lorsqu'on a réussi à détruire les symptômes
de ces dérangements, il doit s'ensuivre que les
maladies locales, qui avaient résisté à des traite-
ments particuliers, disparaissent promptement.

Cette manière de voir est la nôtre ; et, comme nous
venons de le dire, le bouillon hygiénique est, peut-
être, l'unique moyen de réparer les désordres des
organes digestifs et de guérir les maladies qui en dé-
rivent; et tout homme de bon sens le comprendra
en se rendant compte : 1° de la grande quantité de
principes nutritifs qu'il contient sous un petit vo-
lume, 2° de sa facile digestion, 3° de ses vertus
fortifiantes et calmantes.

Il répare beaucoup sans fatiguer.

Ce bouillon, aromatisé à dose combinée selon la
méthode des Malgaches, avec quelques légères dif-
férences que nous avons cru devoir y introduire, est
délicieux, d'un haut goût et convient à tous les tempéraments.

Il a de bons effets dans les maladies chroniques,
et par ses vertus toniques, dépuratives et analep-

tiques, il diminue les accidents dans les maladies de poitrine et des voies respiratoires.

Il guérit les extinctions de voix, et il devient la dernière ressource dans les affections du pylore.

Nous ne saurions trop le conseiller aux mères de famille qui ont la douleur de remarquer chez leurs enfants les symptômes d'un tempérament faible et lymphatique, ou des tendances au rachitisme et aux maladies scrofuleuses.

Nous leur affirmons qu'elles préviendront ainsi tout danger pour l'avenir.

En homœopathie comme en médecine allopathique, notre bouillon est un auxiliaire puissant; il favorise l'action d'une bonne médication et il neutralise toujours, plus ou moins, les effets pernicieux d'un mauvais traitement.

Les médecins qui ont adopté notre méthode le considèrent comme agent principal, et lui attribuent une large part dans les succès qu'ils obtiennent (1).

Dans cet opuscule, que nos lecteurs voudront bien ne considérer que comme une simple préface,

---

(1) On se procure facilement les substances qui entrent dans la composition de ce bouillon et les indications nécessaires à sa préparation.

nous nous sommes borné à esquisser, à grands traits, quelques aperçus de la médecine naturelle indo-malgache.

En ce moment même, nous préparons un traité complet sur ce sujet, dans lequel nous développerons en détail les notions d'hygiène particulières à ces peuples, leurs différentes manières de soigner les maladies, et l'histoire de leur matière médicale.

Notre grande ambition n'est pas de faire un chef-d'œuvre littéraire; ce que nous désirons, c'est de propager la lumière et de payer notre modeste tribut de dévouement à l'humanité souffrante.

Puissent les médecins et les malades trouver de l'utilité et de l'intérêt dans l'ouvrage que nous leur destinons!

Paris. — Imprimerie Paul Dupont, rue de Grenelle-Saint-Honoré, 45.

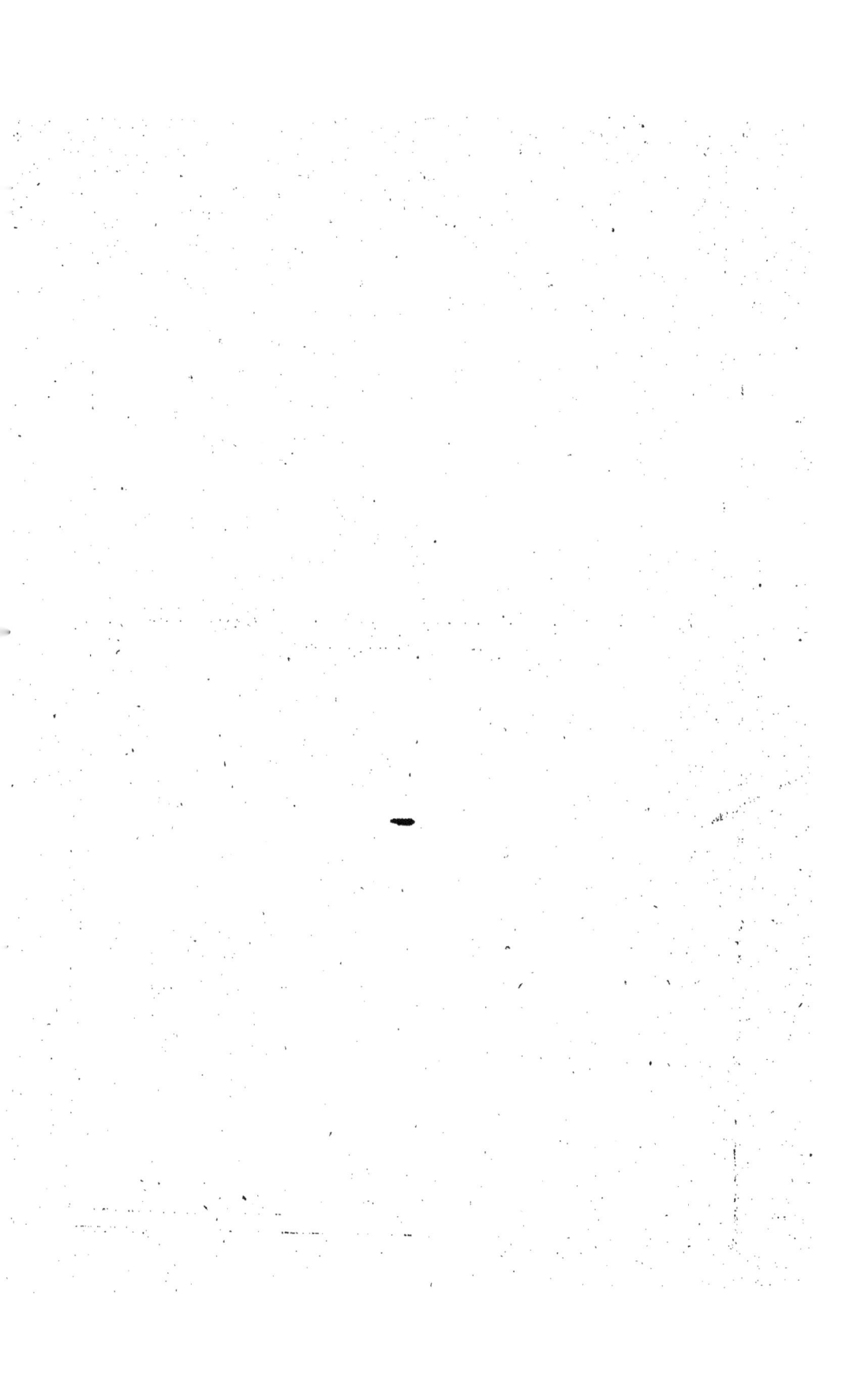

IMPRIMERIE ET LIBRAIRIE ADMINISTRATIVES DE PAUL DUPONT,

RUE DE GRENELLE-SAINT-HONORÉ, 45.

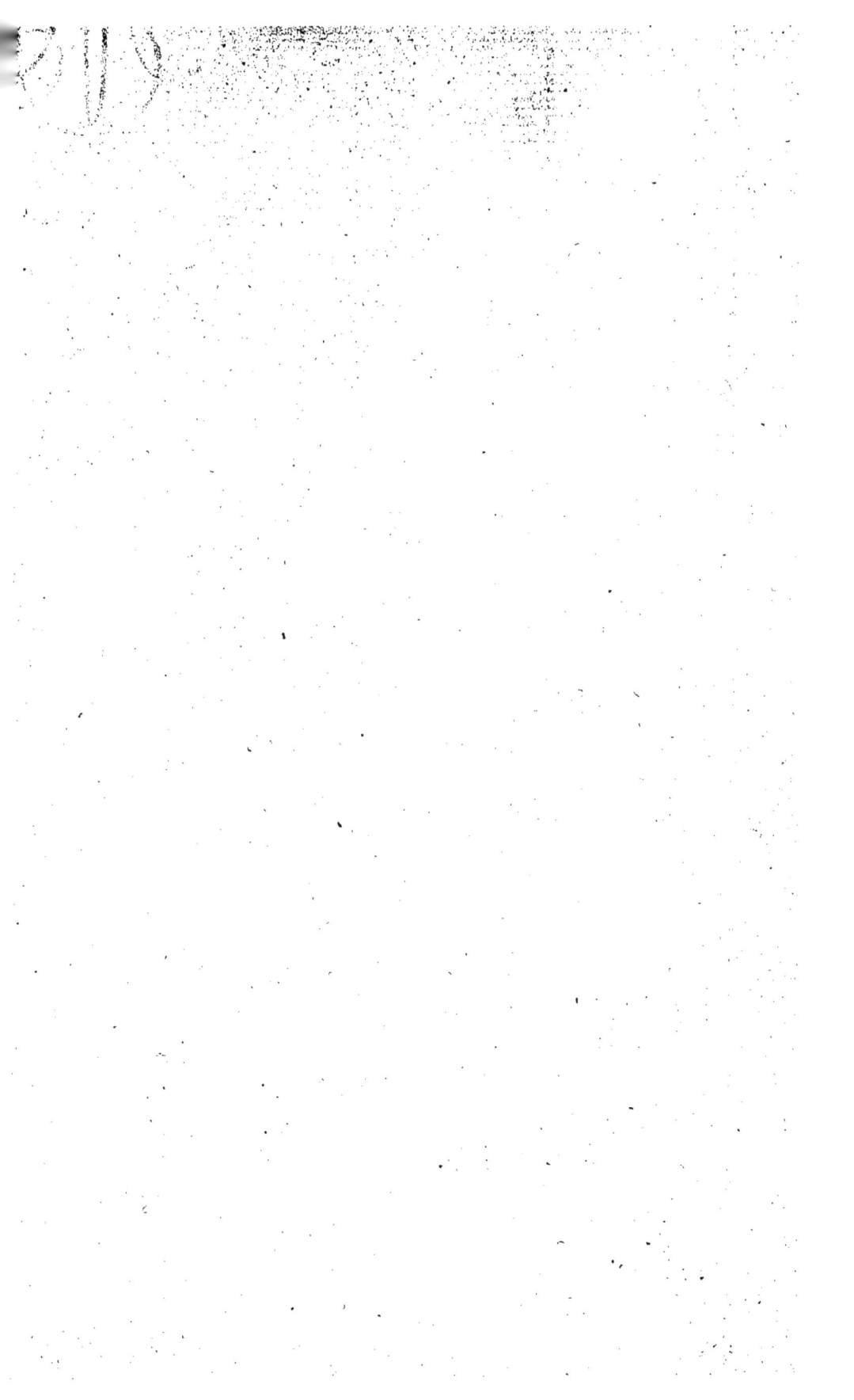

www.ingramcontent.com/pod-product-compliance
Lightning Source LLC
Chambersburg PA
CBHW070218200326
41520CB00018B/5685